EXPOSITION HISTORIQUE DE MADRID

TUNISIE

PHOTOGRAPHIES

exposées par le Directeur

DU

MUSÉE DE SAINT-LOUIS-DE-CARTHAGE

Extrait du Catalogue général du Comité tunisien

TUNIS

IMPRIMERIE RAPIDE, RUE DE CONSTANTINE

1892

EXPOSITION HISTORIQUE DE MADRID

TUNISIE

PHOTOGRAPHIES

exposées par le Directeur

DU

MUSÉE DE SAINT-LOUIS-DE-CARTHAGE

Extrait du Catalogue général du Comité tunisien

TUNIS

IMPRIMERIE RAPIDE, RUE DE CONSTANTINE

—

1892

MUSÉE DE SAINT-LOUIS-DE-CARTHAGE

FOUILLES DU R. P. DELATTRE

PREMIER TABLEAU

PÉRIODE PUNIQUE

1. Vue générale de la nécropole punique découverte dans le flanc sud-ouest de la colline de Saint-Louis. — Les points noirs marquent l'entrée des tombeaux. — En avant, portion d'abside romaine en bel *opus reticulatum*; puis, restes importants du mur de fortification construit par Théodose II. Contre ce mur montait une voie dont on a retrouvé des traces.

2. Face postérieure d'un tombeau punique, avec niches de l'intérieur ouvertes.

3. Autre vue générale des fouilles. — Maison byzantine construite à travers la nécropole.

4. Vue d'un tombeau punique brisé. L'état actuel permet de voir les deux niches qui occupent d'ordinaire le fond des chambres sépulcrales.

5. Façade de tombeau fermé. Au-dessus, petit obélisque qui formait le monument extérieur, primitivement visible à la surface du sol.

6. Vue de la façade et de l'entrée de deux tombeaux puniques.

7. Tombeau vu par côté.

8. Tombeau simple, semblable à ceux qui ont été découverts à Cadix. La nécropole en renferme de plus simples encore, se composant d'une fosse creusée en terre et fermée par des dalles.

9. Amphores ayant servi à la sépulture d'enfants.

10.
11. Vases funéraires.
12.

13. Vases gréco-puniques. Dans le bas de la photographie, visage peint sur une portion d'œuf d'autruche.

14. Œnochoé gréco-punique, magnifique pièce de bronze doré.

15. Colliers formés de grains de verroterie et d'un grand
16. nombre d'amulettes punico-égyptiennes.

17. Statuette de terre cuite gréco-punique.

18. Lampes puniques. — Vases gréco-puniques. — Hachettes de bronze et sortes de sonnettes de même métal. — Petit tabouret et support en pierre blanche et tendre de Malte.

19. Figurines, de style chaldéen, de style cypriote et de style gréco-punique.

20. Entrée d'un tombeau punique dont la façade a été détruite par les Romains.

21. Au milieu, cippe punique, orné de chapiteaux caractéristiques semblables à des têtes de crosse. — A gauche, stèle punique avec emblèmes en relief. — A droite, petit monument funéraire.

22. Au milieu, stèle punique. — A gauche, deux chapiteaux, fragment de stèle portant un singe qui grimpe à un palmier. — A droite, pilastre cannelé gréco-punique, à section carrée; inscription, fragment d'un tarif de sacrifices; petite stèle portant un personnage gravé au trait, levant la main droite et tenant de la gauche un vase d'offrande avec cette inscription : *Abd-Astaroth* (serviteur d'Astarté).

23. Au milieu : 1° pierre bleue portant gravé au trait, dans le goût assyrien, une sorte de poignard entre deux étoiles, le tout surmonté d'un croissant ; 2° épitaphe d'Akbarim, fondeur de fer, fils de Baalsillek ; 3° chapiteau gréco-punique. — A gauche, stèle punique. — A droite, stèle votive de marbre blanc, la seule de marbre sur plus d'un millier de stèles que renferme la collection de Saint-Louis.

24. Amulettes punico-égyptiennes. Scarabées portant sur le plat des hiéroglyphes.

25. Figurines de terre cuite punico-égyptiennes. — Au centre, statuette de Tanit, de style particulier.

DEUXIÈME TABLEAU

PÉRIODE PUNIQUE ET PÉRIODE ROMAINE

1. Stèles votives puniques entières. (Les stèles entières sont très rares.) La plus haute mesure 1ᵐ de hauteur. La partie inférieure de ces stèles, à peine dégrossie, était fixée en terre. Emblèmes : caducée, disque, triangle de Tanit, colonne avec chapiteau surmonté de la grenade.

2. Stèles puhiques ornées de diverses figures : colonne avec chapiteau entre deux candélabres, pince, maillet, ciseau ou grattoir, édicule, main, triangle de Tanit, etc.

3. Stèles puniques. A remarquer : rosaces, main en relief dans un cartouche, corniche gréco-punique, équerre, niveau à fil à plomb, creux dans lequel était incrustée une fleur de lotus, palmier en relief, emblème de Tanit en relief, le globe ailé entre deux uræus, etc.

4. Stèles puniques sur lesquelles se voient : rosaces, vase, main, figure de Tanit, dauphin, phare, disque et croissant, caducée, personnage debout, etc.

5. Stèles puniques. On y voit : chapiteaux carthaginois, rosaces, mains, le globe ailé entre deux uræus, barque, etc.

6. Bétyle. — Têtes carthaginoises caractérisées par une ligne de démarcation tracée à travers le visage pour distinguer la partie barbue de celle qui ne l'est pas.— Figures exécutées au trait.

7. Stèles puniques : le globe ailé, chapiteaux, mains, rosaces, édicule surmonté d'un vase, palmier en relief, colonne cannelée surmontée du chapiteau et de la grenade, fleur de lotus, etc.

8. Stèles puniques : emblème de Tanit surmonté du disque et du croissant, colonnes à chapiteau en tête de crosse, vase entre deux palmiers, pyramide de coqs.

9. Stèles puniques : personnage assis sous un édicule à chapiteaux en tête de crosse et à fronton orné du disque et du croissant ; dauphins se désaltérant dans une vasque ; palmier en relief ; personnage à quatre ailes, avec creux où la tête était incrustée ; le cheval et la palme ; colonne et chapiteau ; fleur de lotus ; inscription (n° 72) dont il a été dit à l'Académie : « Cette inscription renverse, si elle avait besoin d'être renversée, l'hypothèse de ceux qui veulent, encore aujourd'hui, voir dans ces *ex-voto* des inscriptions funéraires. »

10. Stèles puniques : mains, vases, équerre et niveau au fil à plomb, barques, flûtes, etc.

11. Empreintes antiques de belles intailles de style égyptien et de style grec.

12. Colonne portant en très haut relief un personnage vêtu d'un simple pagne, orné d'imbrications figurant des écailles de poisson. Cette sorte d'Hercule porte sur ses épaules deux petites figures semblables au dieu que l'on a voulu représenter.

13. Grande statue romaine représentant la Victoire.
Haut. 2ᵐ 55.

14. Pyramide de chapiteaux romains de diverses époques.— En arrière, pyramide de boulets turcs.

15. Autre pyramide de chapiteaux romains. Ceux de la seconde assise proviennent de la grande nef de la basilique chrétienne de Damous-el-Karita.

16. Terres cuites romaines, figurines; deux statuettes d'Isis allaitant Horus; orgue et joueur d'orgue (haut. 0ᵐ18), œuvre du IIᵉ siècle; musicien et musiciennes. — A gauche, ivoire représentant une flûte.

17. Orgue (seconde face) portant la marque du potier POSSESSOR; figurines, têtes de statuette, disque de lampe finement travaillé.

18. Statue de femme romaine, dressée sur un tambour de colonne rudentée qui provient du temple d'Esculape. En arrière, portion du mur tapissé d'épitaphes romaines.

19. Statue et inscription provenant des ruines de Thysdrus (aujourd'hui El-Djem); fragment de colonne milliaire au nom de l'empereur Constantin. — En arrière, portion du mur tapissé d'épitaphes romaines.

20. Bas-relief en stuc : matrone romaine faisant faire sa toilette par une esclave.

21. Bas-relief en stuc : la même matrone faisant sa lecture. Ces deux bas-reliefs, avec un troisième où la matrone filait la quenouille, ornaient les flancs de la tombe d'une riche romaine. (Le monument appartient à la seconde moitié du IIᵉ siècle.)

TROISIÈME TABLEAU

PÉRIODE ROMAINE — PÉRIODE CHRÉTIENNE

1. Ruines d'un temple ou palais, situées près de l'entrée latérale de la nouvelle cathédrale.

2. Citernes du bord de la mer avant leur restauration.

3. Vue intérieure des mêmes citernes.

4. Les anciens ports de Carthage.

5. Vue des grandes citernes de La Malga, transformées en village.

6. Vue des ruines situées en avant de l'ancienne chapelle
    de Saint-Louis.

7. Têtes romaines. Au milieu, tête de déesse dont le visage
    était doré. La chevelure conserve la place d'une cou-
    ronne et porte au-dessus du front la base d'une aigrette
    mobile qui permettait de varier la coiffure.

8. Têtes romaines. Au milieu, tête voilée de l'empereur Au-
    guste, jeune, en costume de flamine. A droite, tête
    d'Octavie, sœur d'Auguste. Ces trois belles têtes ont
    été trouvées ensemble sur la colline de Saint-Louis.

9. Torse de Bacchus ou d'Apollon.

10. Statue de femme romaine.

11. Groupe de génies musiciens.

12. Mosaïque : femme romaine représentant l'Hiver, prove-
    nant de la salle aux Quatre Saisons, découverte dans
    la villa de Scorpianus, non loin de l'amphithéâtre et
    près du cimetière des *Officiales*.

13. Diverses têtes romaines.

14. Figurines en terre cuite, de basse époque romaine, re-
    produisant un type particulier à Carthage.(Haut.0ᵐ13.)

15. Quelques-uns des marbres sculptés trouvés en creusant
    les fondations de la nouvelle cathédrale.

16. Statuettes d'Isis; dos. (Voir la face dans le nᵒ 16 du se-
    cond tableau.)

17. Urne funéraire en verre irrisé, intacte. (Haut. 0ᵐ27.)

18. Inscriptions latines : Epitaphe versifiée. Fragment d'une
    liste de soldats recrutés dans la Lusitanie. Le marbre
    porte les noms d'*Emerita* (Merida), d'*Olisippo* (Lis-
    bonne), d'*Ebora* (Evora) et de *Norba* (Alcantara).
        M. Héron de Villefosse croit que la légion à laquelle
    appartenaient ces Lusitaniens était la *II* Augusta*.
    M. René Cagnat est d'avis que c'était plutôt la *VII* Ge-*
    mina.

19. Epitaphes provenant du cimetière des *Officiales*. A remarquer : celle de *G. Ælius Felix*, affranchi des Em-
pereurs. Il a vécu 76 ans, 9 mois, 3 jours et 12 heures.
Ostoria Procula à son mari bien méritant, dont elle n'a
pas eu à se plaindre, « *de quo nihil questa est* ».

20. Vue d'une partie du cimetière des *Officiales*. — Chaque
cippe renferme une ou plusieurs urnes funéraires, et
l'épitaphe était placée sur une des faces.

21. Vue intérieure de la salle du Musée de Saint-Louis.

22. Vue générale des fouilles de la basilique de Damous-el-
Karita. — Ces fouilles s'étendent sur une longueur de
150 mètres et une largeur de 50.

23. Bas-relief représentant l'Ange du Seigneur venant annon-
cer aux bergers la naissance du Sauveur; trouvé dans
la basilique avec plusieurs centaines d'autres fragments
de bas-reliefs et plus de *quatorze mille* morceaux d'épitaphes chrétiennes.

24. Lampes chrétiennes. — Lampes à double bec. — Sujets
à remarquer : diverses croix, l'Agneau, le Poisson et
les *Pisciculi*, N.-S. Jésus-Christ foulant aux pieds le
serpent infernal, et le chandelier mosaïque renversé.

25. Lampes chrétiennes. — Disques de lampes. — Sujets de
l'Ancien Testament : Abel offrant l'agneau, le Sacrifice
d'Abraham, Jonas sortant du monstre marin, les trois
Hébreux devant la statue de Nabuchodonosor, les deux
Hébreux supportant la grappe de raisin de la Terre-
Promise. — Croix, monogrammes, le Poisson entouré
des *Pisciculi* et des colombes. — Enfin divers autres
sujets eucharistiques.

26. Vase chrétien du V⁰ siècle portant la croix et la lettre A
entre deux poissons.

27. Le même vase, avec un autre orné de la croix avec les
lettres A B C (premières de l'alphabet) entre deux poissons.